AF338302

COMPTE RENDU

DES

COMBATS FAITS ET SOUTENUS PAR LE 72ᴱ VOLONTAIRE

Et autres Bataillons de marche

PENDANT LA GUERRE DE 1870 A 1871

PAR

Jules TANNÉ

Volontaire au 72ᵉ

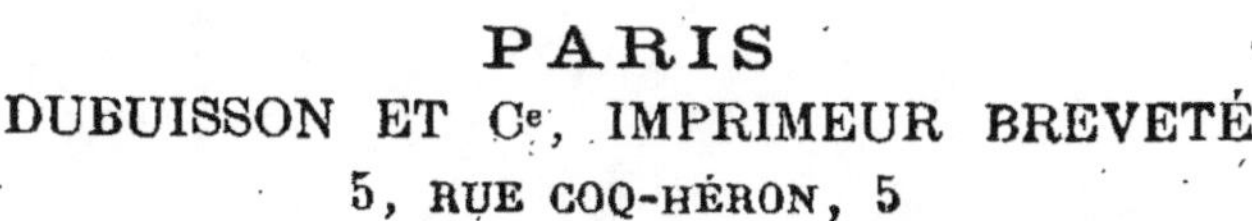

PARIS

DUBUISSON ET Cᵉ, IMPRIMEUR BREVETÉ

5, RUE COQ-HÉRON, 5

1877

COMPTE RENDU

DES

COMBATS, FAITS ET SOUTENUS PAR LE 72 VOLONTAIRE

Et autres Bataillons de marche

PENDANT LA GUERRE DE 1870 A 1871

PAR

Jules TANNE

Volontaire au 72ᵉ

PARIS

DUBUISSON ET Cᶜ, IMPRIMEUR BREVETÉ

5, RUE COQ-HÉRON, 5

—

1877

Depuis cinq ans, justement fatigué de toutes les calomnies imposées à la garde nationale de Paris pour la défense nationale, je crois pouvoir donner des détails sur les circonstances et les faits qui se sont passés.

Volontaire au 72ᵉ bataillon de marche, volontaire de Passy, j'ai assisté à tous les combats que ce noble bataillon a eu l'honneur de donner.

L'ennemi entourait Paris, le gouvernement a cru devoir, comme en 1794, demander des volontaires ; le seul bataillon de Passy, le 72ᵉ, a fourni quatre compagnies de six cents hommes.

Ce bataillon, armé le vendredi, fut équipé le samedi ; le dimanche il passa la revue de l'amiral commandant le secteur, et le mardi celle du général Clément Thomas.

Le mercredi suivant il partit à Noisy-le-Sec, et le jeudi il attaqua Bondy que les Prussiens abandonnaient ; à cette attaque, le commandant du fort fut grièvement blessé, ainsi que plusieurs gardes nationaux.

Rentré huit jours après dans Paris, il fut reçu aux cris de « Vive la République ! Vive le 72ᵉ ! Vive la France !_» par la population et les gardes nationaux.

Obligé de faire halte au Château-d'Eau, par suite de l'encombrement, la population lui fit des ovations.

A la place Vendôme, le bataillon fut reçu par le général Clément Thomas qui le complimenta et décora plusieurs gardes nationaux de sa main.

Tout le long du trajet l'enthousiasme fut à son comble, et la réception des habitants de Passy voyant revenir leurs maris, leurs enfants et leurs parents ne peut se décrire.

Nota. — Messieurs les francs-tireurs de Paris ont bien voulu me communiquer tous les détails exacts sur toutes les positions qu'ils ont occupées et sur tous les combats qu'ils ont livrés à l'extérieur de Paris, notamment à Châteaudun, ainsi qu'au combat de Paris auquel ils ont pris part depuis les avant-postes ; mon livre donne tous ces détails.

Reçu à la mairie par M. Henri Martin, ce dernier accueillit le bataillon avec des paroles patriotiques de remerciement.

Quelque temps après, le bataillon fut placé de grand-garde de Longchamps à Suresnes, en face de l'ennemi.

Après dix jours de manœuvres et d'escarmouches, le bataillon revint à Passy pour repartir bientôt à Colombes, Folies-Nanterre et le pont de Bezons où il fut occupé à faire des reconnaissances avec les francs tireurs.

Pendant vingt-trois jours de grand'garde par les froids excessifs et la neige à mi-jambes.

Le bataillon étant dispersé pour les approvionnements, le général en tournée demanda où étaient les hommes et où se trouvait une partie du bataillon; au premier coup de clairon tous les soldats revinrent et le général complimenta sur la vivacité du ralliement.

Parti le 18 janvier de Passy, le bataillon se rendit à la barrière de l'Etoile pour recevoir ses approvisionnements, passa ensuite par la porte Maillot et alla camper à Neuilly.

Le 19, à une heure du matin, sur l'ordre par parole qui lui fut donné pour éviter l'appel du clairon, il se réunit et se mit en route pour aller à l'ennemi.

Passant par la redoute du pont de Neuilly, le plateau de Courbevoie, et contournant le Mont-Valérien, il fut lancé au pas de course dans la boue et dans les vignes avoisinant le parc de Buzenval.

L'ordre fut donné, après cette course, de mettre sac à terre, de prendre toutes les cartouches et d'attaquer immédiatement les Prussiens.

Le commandant Hersent, le capitaine Couchot, les lieutenants Buy, Bouilly, Saraz et autres restèrent sur le champ de bataille, ainsi que nombre de gardes nationaux tués ou blessés.

A onze heures et demie du matin, le 109e et le 110e de ligne sont forcés d'abandonner leurs positions qui sont reprises par la garde nationale de Grenelle et autres.

A trois heures un quart du soir, un général et son aide de camp, un amiral et son état-major viennent sur le champ de bataille.

Pendant la nuit, après une reconnaissance poussée vers les Prussiens, le bataillon resta sur le champ de bataille.

Au retour à Passy, le lendemain, eut lieu une triste cérémonie à l'église : le bataillon, accompagnant quatorze corbillards, se dirigea au cimetière du Père-Lachaise où, après un discours très patriotique de M. Henri Martin, des scènes de douleur déchirantes eurent lieu, quand les parents, les enfants et les amis vinrent reconnaître dans des bières non fermées les malheureux qui avaient succombé.

Mon livre donne tous les détails de ces tristes moments, principalement sur le combat de Buzenval, dont je vais avoir l'honneur de vous donner les détails les plus circonstanciés, moments par moments, ainsi que je l'ai déjà déclaré plus haut.

Egalement l'assaut donné à quatre heures du soir, sous les ordres du brave colonel de Brancion.

Paris abandonné à lui-même, ainsi que toutes les phases du siége et les souffrances de la population sont décrites dans mon livre.

Depuis trois ans je travaille jour et nuit et je suis arrivé à produire des manuscrits qui me permettront d'élever une statue aux valeureux Couchot, Hersent et autres sur un magnifique piédestal représentant 1814, 1815, 1870 et 1871, avec dix médaillons où le buste de chaque officier sera reproduit.

Par ce difficile travail auquel je suis familier, j'espère, avec le concours du bataillon, arriver à terminer le monument et mes six tableaux sans avoir recours à aucune souscription ni quête.

Ne pourront concourir que les porteurs du livret et de la carte d'honneur du 72ᵉ bataillon volontaire, et parmi eux il reste encore de célèbres artistes, sculpteurs, modeleurs, peintres, entrepreneurs, tailleurs de pierre, charpentiers et ingénieurs pour exécuter ce travail.

Quand j'ai annoncé qu'il y avait dix mille Prussiens, je puis le prouver.

Après le désastre, me trouvant au chemin de fer de Lyon, je me trouvai au buffet avec un monsieur qui était capitaine prussien et qui avait commandé à Buzenval. Je donnerai connaissance de tous les renseignements qu'il m'a donnés sur le nombre d'ennemis qui étaient devant nous et sur leurs moyens de défense.

DESCRIPTION DES TABLEAUX

Premier. — A sept heures du matin, avant l'attaque, sac à terre, un général, un colonel et son état-major.

Deuxième. — A huit heures et quart du matin, attaque générale du bataillon ; mort de Hersent, Couchot et autres.

Troisième. — A onze heures et demie du matin, abandon des positions par des bataillons de ligne et reprise par des bataillons de la garde nationale de Grenelle.

Quatrième. — A deux heures du soir, un capitaine commandant avec son ordonnance prenant la gourde d'un garde national établi chocolatier dans le quartier de la Madeleine, qui se battait pieds nus ayant perdu sa chaussure pendant l'action.

Cinquième. — A trois heures et quart du soir, un général, son aide de camp, un amiral et son état-major, un éclaireur de la Seine ruisselant de sang ainsi que son cheval.

Sixième. — A quatre heures du soir, assaut général commandé par le colonel de Brancion, et sous les ordres du capitaine Pavé, du sergent Petit et les gardes nationaux de la deuxième compagnie, contre dix mille Prussiens.

Pendant tout le combat, les gardes nationaux étaient de vingt à soixante mètres de l'ennemi, ce qu'indiquent mes tableaux.

Monsieur le Rédacteur,

J'ai l'honneur de vous faire part d'un fait qui mérite d'être signalé dans votre journal.

Le cheval de M. Chardon-Lagache (fondateur de la maison de retraite d'Auteuil,) avait pris le mors aux dents, et des cantoniers et autres personnes d'Auteuil avaient essayé mais en vain d'arrêter sa course furieuse.

Le sieur Tanné, artiste peintre, s'est jeté au devant du cheval, qui, quoique maîtrisé par un poignet solide, se cabra d'une façon effrayante, et finit par tomber avec celui qui l'arrêtait. Après une lutte de quelques instants, le sieur Tanné put remettre l'animal aux mains du cocher de M. Chardon, et il en fut quitte pour quelques contusions sans gravité.

Je rappellerai à votre attention d'autres faits du même, principalement dans un incendie, où il fit preuve d'un rare sang-froid en sauvant une caisse et des papiers précieux.

Au pont Marie, une femme tombe accidentellement dans la Seine, Tanné passait, il n'hésite pas, plonge, passe sous un bateau et ramène cette femme qui malheureusement n'a pu être rendue à la vie.

Barrière d'Enfer, rue des Catacombes, dans un de ces grands puits si profonds qui existent dans ce voisinage, un enfant de dix ans était tombé, notre sauveteur, quoique fatigué par une longue course, n'hésite pas de nouveau, se laisse glisser le long de la corde, plonge et ramène l'enfant à la surface de l'eau, très-profonde en cet endroit. Le seau qui devait les remonter était plein, et contenait à peu près 45 à 50 litres. Tanné tient la corde d'une main, et suspendant à ses dents l'enfant par ses vêtements, de l'autre main, il vide ce seau si peu léger. Arrivé à une certaine hauteur, la corde, trop faible pour supporter deux personnes, commence à craquer à quelque distance au-dessus de leurs têtes. Tanné regarde, et aussi prompt que la pensée, reprend l'enfant de la même manière, et par la force des bras, il parvient en quelques brassées à dépasser l'endroit où la corde allait manquer, et ils arrivent tous deux au milieu de la foule qui attendait avec anxiété le résultat de ce drame émouvant.

L'enfant n'a survécu que quelques instants.

Le *Constitutionnel* a rapporté ces faits.

Volontaire au 72ᵉ de marche (garde nationale), marié et père de cinq enfants dont l'aîné est au service (train d'équipages), il a toujours fait preuve de courage et d'intelligence, et dans sa compagnie on lui a donné le surnom de Maître Lachaud, à cause de son aptitude conciliatrice dans les petites affaires et griefs qui émaillent la vie du soldat.

A Buzenval, il fit preuve encore de sang-froid et de courage.

Partis de Neuilly à 1 heure du matin, arrivés à 7 heures à 500 mètres du château, on fit mettre sac à terre, remplir cartouchière, et poches idem. On avance à vingt mètres. Le capitaine avait déjà dit plusieurs fois à Maître Tanné : vous ne devez pas devancer la ligne de bataille. Au commandement

de : En avant ! par le brave colonel de Brancion, Tanné s'é-
lance sous le feu foudroyant de l'ennemi en disant : En avant,
camarades ! Vaincre ou mourir ! courage ! Plusieurs s'élancent
sur la brèche ; deux tombent à ses côtés, et alors, à coups de
crosse, il démolit une petite partie du mur. L'ennemi se portant
immédiatement sur ce point, Tanné, resté seul, pris entre deux
feux, eut de la peine, en se traînant derrière broussailles et
troncs d'arbres, ayant usé toutes ses munitions, à pouvoir rega-
gner un tas de bourries, pour se mettre à l'abri de la grêle des
balles qui venaient des deux côtés.

A trois heures, prenant les cartouches d'un de ses camarades
resté sur le champ de bataille, il remonte de nouveau à
l'assaut, avec des gardes nationaux et la ligne, sans avoir
de meilleur résultat.

Reparti à cinq heures avec son capitaine pour soutenir la
retraite et passé la nuit dans les champs, notre héros ne s'en
plaint pas pour cela, et dans les circonstances où il a passé,
on ne l'entend jamais ni se plaindre, ni raconter, car ce n'est
que par ses camarades que l'on sait ce qu'il a fait, et eût-il, je
crois, la tête coupée, que s'il pouvait parler, il ne penserait
guère à lui.

D'ici peu de temps il espère, collectivement avec ses amis,
peintres comme lui, offrir au public un aperçu, saisissant et pris
sur le vif, de l'attaque de Bondy et de la triste bataille de
Buzenval.

Je soussigné, capitaine commandant la 2e Cie du 72e bataillon
de la garde nationale, certifie que M. Tanné, susdésigné, s'es
parfaitement conduit au combat de Buzenval (19 janvier).

Paris, le 13 mai 1871.

A. PAVÉ.

Je soussigné, ancien chef du 72e bataillon, certifie qu'il résulte
des pièces que m'a communiquées M. Tanné, qu'il appartenait
en qualité de volontaire à la 2e Cie de guerre dudit bataillon
(capitaine Pavé), et qu'il s'est bien conduit à la bataille de
Buzenval.

Paris-Passy, 23 janvier 1877.

J. DE BOUTEILLE.

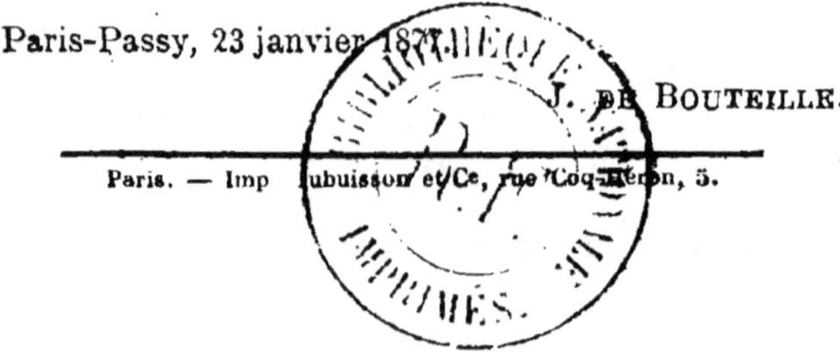